電子レンジで簡単！

笑顔こぼれるデコ和菓子®

鳥居満智栄

enjoy!
Deco Wagashi

淡交社

無限大の笑顔を運ぶ、和菓子づくり

和菓子づくりが、おうちでケーキやクッキーをつくるのと同じくらいに身近な楽しみになってほしいと活動をはじめて10年近くになりました。その中で感じたのは、和菓子が∞（無限大）の力を持っていることです。単に〈簡単！〉〈可愛い！〉〈美味しい！〉だけでなく、家族を、そしてまわりの人たちも笑顔にする力を持っているということに気がつきました。
それは大きな発見でした。
自分のつくったもので多くの人が喜んでくれる。小さな幸せの積み重ねで、自分も幸せになっていく……。
人を喜ばせたい。それは誰もがみんな持っている共通の思いです。
和菓子をつくることで、日々の暮らしのなかに楽しみや美を見出す意識が芽生えはじめ、自分を表現することでコミュニケーションを深める、といった思わぬ副産物が広がります。

和菓子レシピの書籍として4冊目となる本書では、〈可愛い!〉〈わぁ〜簡単!〉〈楽しい!〉〈美味しい!〉といった感動の輪を広げたいと思い、特に可愛いに焦点を当てて斬新なアイデアで、「これが和菓子?」とみんなが叫んだり、「洋菓子みたい」と驚きをもってくださる「デコ和菓子®」を提案しました。

「デコ和菓子®」は、誰もが自由な発想で自由につくれる新しい和菓子として従来の和菓子とは全く違ったデザイン、発想で生まれたお菓子です。和菓子の素材を使った和菓子でありながら、かたちは和菓子の世界を飛び出してさまざまですが、和菓子の特徴である季節感をちりばめていますので、その心は日本人の表現法そのものです。
本書を通じて、ウキウキと心地よく、まわりの人たちと楽しく笑顔で暮らせることを願っています。

| 笑顔こぼれるデコ和菓子 |

目 次

無限大の笑顔を運ぶ、和菓子づくり　2

和菓子づくりの前に

- 和菓子は、あんを丸めたり包んだりと手をじかに使ってつくるお菓子です。
  道具類も含め、いつでも清潔に消毒をしながらつくりましょう。

- 材料は、すべてつくりやすい分量です。ぎゅうひは一度に使う量が少ないので、多めにつくって冷凍保存をしておくことをお勧めしています。

- レシピにある電子レンジの加熱時間は、600Wの場合の時間の目安です。
  電子レンジは個々に差がありますので、時間はあんや生地の様子を見ながら調整してください。
  木べらなどでこまめにしっかり混ぜながらあんや生地を均一に調理してください。

お太鼓	和菓子であらわす帯の風情	6
加賀手毬	美しい伝統の手わざを菓子にうつして	8
鬼とお多福	節分の鬼もかわいらしく	10
お雛さま	幾つになっても飾りたい	12
鯉のぼり	青空で元気に泳ぐすがたに健康を願う	14
ことり	さえずりが聞こえてきそう	16
Ｂａｇ	和菓子でたのしむおしゃれ	18
クジラ	潮を吹きながらゆうゆうと泳ぐすがたを	20
うちわ	心地よい風が好き	22
マトリョーシカ	愛らしく同じかたちで並ぶ	24
がま口	女子が持ちたい、かわいい小物	26
くろねこ	キリッとニヒルなネコ２匹	28
ミトン	お母さんのあったかさ	30
クリスマス リース	聖夜に祈りをこめて	32

デコ和菓子をみんなで楽しもう
かわいくできたら、写真で残そう!!　34

マーガレット	恋占いの花	36
スイセン	冬の寒さに負けずに凛と咲く花	38
春の花	小花に蝶々も誘われて	40
チューリップ	お皿に見つける春の気配	42
バラ籠	優雅なバラの花に魅せられて	44
紫陽花	雨に濡れていっそう鮮やかに愛らしく	46
たんぽぽ	元気をくれる黄色い花	48
朝顔	暑さ忘れるすがすがしさ	50
コスモス	秋の風に揺られて可憐に咲く花	52
桔梗	秋の始まりを告げる花	54

デコ和菓子のきほんテクニック　56
　中あんの準備（火取りの方法）・ねりきり生地の準備
　ぎゅうひのつくり方・包餡のコツ
　ねりきり生地の染め方・布づかいいろいろ・かたちいろいろ

葉っぱづくりの㊙テクニック　59
デコ和菓子の密かな楽しみ　60
Special Thanks　61
材料・道具　62

撮影 / 福田栄美子　　スタイリング / 鳥居満智栄　　デザイン / 堀内仁美

お太鼓　Otaiko

お太鼓

和菓子であらわす帯の風情

材 料（6コ分）

ねりきり生地（約160 g）
　白あん　　　　　　　150 g
　ぎゅうひ　　　　　　 10 g
　水飴　　　　　　　　 3 g
　色粉（赤・青・黄）　少々
中あん
　こしあん　　　　　　 90 g

準 備

❖ ねりきり生地をつくる。
❖ 中あんは、6等分しておく。
❖ 色粉は少量の水でよく溶いておく。

つくりかた

1　中あんは、6等分して俵形をつくり、片方を少しつぶしておく。

2　ねりきり生地から6gを取り分けて花びら用にピンクに染め、シベ用にほんの少しだけねりきり生地を黄色に染めておく。

3　残りのねりきり生地に水で溶いた青の色粉をつけ、ちぎっては重ねちぎっては重ねて、マーブル状に染める**A**。

4　3をラップではさんで麺棒でのし、43ミリ×110ミリ短冊を6枚つくる**B**。

5　4の表裏を見て、模様のよい方を下にしておき**C**、1/3くらいの位置に中あんをおいてくるっと包む。

6　2でピンクに染めた生地を薄くのして花形の型で抜き**D**、5に軽く押しつけ、茶漉しでこしたシベの生地を竹串を箸のように使って花の中央におく（31頁参照）。

A

B

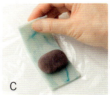
C

D

＊ほかのものより、ボリューム感を出すために、中あんの量を多めにします。
＊帯のお太鼓結びの感じを出すために、少し巻き込むように中あんを巻きます。

加賀手毬
Kaga-Temari

加賀手毬

美しい伝統の手わざを菓子にうつして

材　料（6コ分）

ねりきり生地（約160ｇ）
　　白あん　　　　　　　　150ｇ
　　ぎゅうひ　　　　　　　 10ｇ
　　水飴　　　　　　　　　 3ｇ
　　色粉（赤・青・黄・紫）　少々
　　抹茶　　　　　　　　　 少々
中あん
　　こしあん　　　　　　　 60ｇ

準　備

❖ ねりきり生地をつくる。
❖ 中あんは、6等分しておく。
❖ 色粉は少量の水、抹茶は少量の湯でよく溶いておく。

つくりかた（白の手毬）

1　ねりきり生地から12ｇを取り分け、5等分し好きな色に染め、それぞれ6等分して丸めておく。

2　残りの生地を6等分して包餡し丸める。

3　1をつぶして2にバランスよくはりつけ、手の中で転がしてなじませる**A**。

4　竹串の先で中心点を決める**B**。

5　中心点とスプーンの根もとを合わせて軽く押して型をつける**C**。

6　少しずつずらしながらスプーンでの型押しを繰り返す。

7　2段目は、1段目の模様にかからないように型押しを繰り返す**D**。

＊スプーンは、小さなマドラータイプのものを使うとよいでしょう。
＊模様は、見える範囲だけでもOKです。
＊いくつかを別色の手毬にしたい場合は、2で生地を6等分した段階で個別に染めます。

鬼とお多福　*Oni and Otafuku*

鬼とお多福

節分の鬼もかわいらしく

つくりかた

1. ねりきり生地から13gを取り分け、ほっぺと鼻・鬼のツノ・髪の毛用に準備する。

    ほっぺと鼻用　…（5gを赤色に染めて18等分）
    鬼のツノ用　　…（2gをピンク色に染めて3等分）
    髪の毛用　　　…（6gを茶色に染めて2gをお多福、4gを鬼）

2. 残りの生地を半分に分け、お多福用は色をつけずにそのまま、鬼用は青色に染めて3gを耳用に取り分けた残りをそれぞれ3つに包餡して丸める。

鬼

1. 鬼用の生地を手のひらにはさんで転がし卵形に整え、同色の耳をつける。髪の毛用の生地を茶漉しでこして**A**、竹串2本を箸のように使い、そっとすくって植えつける。
2. ツノ用の生地は涙粒形にし、頭に押し込む。
3. 赤い生地は、ほっぺの部分は丸めてつぶして押しつけ、鼻は竹串で穴を開け涙粒形（59頁参照）にして差し込んで軽く押し込む。
4. 目には黒ゴマをつけ、口はスプーンの先で軽く刺す**B**。

A

B

お多福

1. お多福用の生地を卵形にし、顔のかたちに親指と人差し指で整える**C**。
2. 茶色の生地2gを6等分して俵形にし、つぶして2コずつ顔の細い方に押しつけ、ヘラで線を入れる。
3. ほっぺと鼻、口と目は鬼と同様につける。

C

材料（各3コ分）

ねりきり生地（約160g）

白あん	150g
ぎゅうひ	10g
水飴	3g
色粉（赤・青）	少々
ココア（または茶色粉）	少々
黒ゴマ	12粒

中あん

こしあん	60g

準備

❖ ねりきり生地をつくる。
❖ 中あんは、6等分しておく。
❖ 色粉は少量の水、ココアは少量の湯でよく溶いておく。

＊竹串の頭を少し水で湿らせると、黒ゴマがつきやすく作業しやすくなります。
＊スプーンは、小さなマドラータイプのものを使うとよいでしょう。
＊ココアのかわりに茶色の色粉を使ってもよいでしょう。

お雛さま　*Ohinasama*

お雛さま

幾つになっても飾りたい

材料
（お雛さま2体とぼんぼり2つ　計4コ分）

ねりきり生地（約100ｇ）
- 白あん　　95ｇ
- ぎゅうひ　5ｇ
- 水飴　　　2ｇ
- 色粉（赤・青・黄）　少々
- 黒ゴマ　　4粒

中あん
- こしあん　40ｇ

準備
- ねりきり生地をつくり、2等分しておく。
- 中あんは、4等分しておく。
- 色粉は少量の水でよく溶いておく。

つくりかた

ぼんぼり（2つ）

1. 半分にしたねりきり生地から4ｇ取り分けておく。別に1ｇ取り分け、黄色に染める。
2. 残りのねりきり生地をピンクに染めて2等分し、包餡し丸める。
3. 2に縦2本ずつ5ヶ所にヘラで線を入れ**A**、さらに和楊枝の先で放射状に線を入れて**B**、模様とする。
4. 上下を少し押して扁平にし、1の黄色の生地を茶漉しでこして3の模様とお雛さまの花模様の中心につける。
5. 1で取り分けた生地4ｇを茶漉しでこして、上面に飾る。

お雛さま（2体）

1. もう半分のねりきり生地から14ｇを取り分け、頭用として2つに丸める。
2. ねりきり生地から1ｇを取り、黄色に染めて2等分する。1つは生地を丸めて親指と人差し指でつまんでもう片方の手で三角形をつくって（29頁参照）つぶしてヘラで筋を入れて扇とし、もう1つは生地を棒状にしてつぶして尺をつくる。
3. 残りの生地を2等分し、それぞれピンクと青に染め、その中からほんの少しずつ髪の毛用に取り分けておく。さらに1ｇずつ取り分け、着衣の花模様部分用として少し濃く染めてそれぞれ10等分し丸めておく。残り生地で中あんを包餡し、茶巾絞りにしておさえ込む**C・D**。
4. 3で丸めた生地を各5こつぶして桃の花をつくり各胴体にはりつけ、中心に黄色のシベをつける。
5. 頭をのせて**E**、竹串の頭を湿らせて黒ゴマをそっとつけて目にし、髪の毛用の生地を茶漉しでこして頭につける。

A

B

C

D

E

鯉のぼり
Koi-Nobori

鯉のぼり
青空で元気に泳ぐすがたに健康を願う

つくりかた

1 ねりきり生地から14gを取り分け、そのうち2gを黒目用にココアで茶色に染め、6等分して丸めておく。3gは白目用に6等分して丸めておく。口用の9gも6等分して丸めておく。

2 残りの生地は半分に分けてピンクと青に染め、それぞれ3等分して包餡する。

3 2に口用の生地をつぶしてはりつける**A**。

4 手のひらにはさんで平行に転がし、円筒形にする。

5 口にあたる部分を人差し指の腹を使って斜めに押し、口をつくる**B**。

6 エラはスプーンで表現する**C**。尾びれの部分はヘラで切り込みを入れ**D**、親指と人差し指でつまんでかたちを整え**E**、ヘラで線を入れる。ウロコは太めのストローを斜めに刺して描く**F**。

7 目の部分に白目用の生地をつぶしてはりつけ、その上から黒目用の茶色の生地を重ねる。

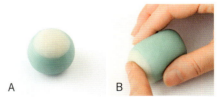
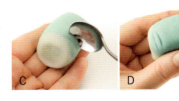

材料（6コ分）
ねりきり生地（約160g）
　　白あん　　　　　　　150g
　　ぎゅうひ　　　　　　10g
　　水飴　　　　　　　　3g
　　色粉（赤・青）　　　少々
　　ココア（または茶色粉）少々
中あん
　　こしあん　　　　　　60g

準備
❖ ねりきり生地をつくる。
❖ 中あんは、6等分しておく。
❖ 色粉は少量の水、ココアは少量の湯でよく溶いておく。

＊2段目のウロコは、互い違いに描きます。
＊線を表現する場合は、ヘラをそっと押します。

ことり Kotori

ことり
さえずりが聞こえてきそう

材　料（6コ分）

ねりきり生地（約160ｇ）
　　白あん　　　　　　　150ｇ
　　ぎゅうひ　　　　　　 10ｇ
　　水飴　　　　　　　　　3ｇ
　　色粉（青・黄）　　　 少々
　　ココア（または茶色粉）少々
　　黒ゴマ　　　　　　　12粒
中あん
　　こしあん　　　　　　 60ｇ

準　備

❖ ねりきり生地をつくる。
❖ 中あんは、6等分しておく。
❖ 色粉は少量の水、ココアは少量の湯でよく溶いておく。

つくりかた

1　ねりきり生地から頭・くちばし・羽用に生地を取り分け、それぞれ染めて小分けにして丸めておく。

　　頭　　　…（3ｇを青色に染めて6等分）
　　くちばし…（2ｇを黄色に染めて6等分）
　　羽　　　…（10ｇを茶色に染めて12等分）

2　残りの生地を6等分し包餡する。

3　手のひらにはさんで卵形をつくり**A**、卵形の細い方を親指と人差し指でつぶして**B**、尾のかたちを整える**C**。

4　ことりのかたちに整えた生地の胴体部分に羽用の生地を俵形にしてつぶして2枚つけ、竹串の先を使って軽く刺して模様をつける。

5　同様に頭の生地を俵形にしてつぶしてつけて竹串で模様をつける。顔部分に竹串の先で穴を開け、棒状に整えたくちばしを差し込む。

6　竹串の頭を水で湿らせて黒ゴマをつけ、目の位置におく**D**。

A

B

C

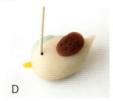
D

バッグ　*Bag*

Bag
和菓子でたのしむおしゃれ

材 料（6コ分）
ねりきり生地（約160 g）
    白あん　　　　　　　150 g
    ぎゅうひ　　　　　　 10 g
    水飴　　　　　　　　 3 g
    色粉（赤）　　　　　　少々
    ココア（または茶色粉）少々
    ハートのシュガースプレー 6 粒
中あん
    こしあん　　　　　　 60 g

準 備
❖ ねりきり生地をつくる。
❖ 中あんは、6等分しておく。
❖ 色粉は少量の水、ココアは少量の湯でよく溶いておく。

つくりかた
1 ねりきり生地から24gを取り分け、茶色に染めて2等分する。
2 残りの生地をピンクにし、6等分し包餡する。
3 トントンとたたき、台形にかたちづくる**A・B**。
4 1の生地をラップの間にはさみ麺棒で薄くのす**C**。バッグ上面の大きさに合わせて長方形にカットし**D**、前面用は二等辺三角形にカットする**E**。
5 4を本体につける。
6 1の残り半分を6等分し紐をつくり、バッグの上の面に竹串の先で穴を2ヶ所開けて差し込み、前面にハートのシュガースプレーを押しつける。

A

B

C

D

E

クジラ *Kujira*

クジラ

潮を吹きながらゆうゆうと泳ぐすがたを

材料（6コ分）

ねりきり生地（約160ｇ）
　　白あん　　　　　　150ｇ
　　ぎゅうひ　　　　　10ｇ
　　水飴　　　　　　　3ｇ
　　色粉（青）　　　　少々
　　黒ゴマ　　　　　　12粒
中あん
　　こしあん　　　　　60ｇ

準備

❖ ねりきり生地をつくる。
❖ 中あんは、6等分しておく。
❖ 色粉は少量の水でよく溶いておく。

つくりかた

1　ねりきり生地から10ｇを腹用に、2ｇを潮吹き用に取り分ける。

2　残りの生地を青色に染めて6等分し包餡し、手のひらにはさみ卵形をつくる**A**。

3　2の卵形の細い方を人差し指で軽く押して整え**B**、ヘラで切り込みを入れ尾のかたちを整える。

4　あらかじめ取り分けた10ｇを6等分して卵形をつくり、つぶして腹の部分に押しつける**C**。

5　4にヘラで線を入れる。

6　黒ゴマを水で湿らせた竹串の頭につけ、目をつける。

7　頭に竹串の先で穴を開け、取り分けておいた2ｇを12等分して涙粒形をつくり、2つを合わせて穴に差し込んで潮吹きのかたちに整える。

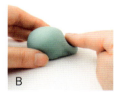

うちわ *uchiwa*

22

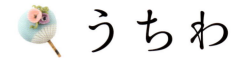

うちわ

心地よい風が好き

材料（6コ分）

ねりきり生地（約160g）
　白あん　　　　　　　150g
　ぎゅうひ　　　　　　10g
　水飴　　　　　　　　3g
　色粉（赤・青・紫）　少々
　抹茶　　　　　　　　少々
中あん
　こしあん　　　　　　60g

準備

❖ ねりきり生地をつくる。
❖ 中あんは、6等分しておく。
❖ 色粉は少量の水、抹茶は少量の湯でよく溶いておく。

つくりかた

1 ねりきり生地から12gを取り分け、うちわの窓用に6等分して丸めておく。

2 ねりきり生地から3gを取り分け、3等分して風鈴用に俵形をつくる。さらにほんの少し取り分けて朝顔の白い部分用に約1ミリのお団子を6つつくる。

3 さらに2gを取り分けてピンクに染め、風鈴の短冊用に少し取り分け、残りを3等分して丸めておく。花用に1gを取り分けて紫に染めて3等分し、蔓と葉用に1gを取り分けて抹茶で緑に染めて6等分し丸めておく。

A

4 残りのねりきり生地を青く染めて6等分し丸めて包餡し、1をつぶして上にのせてA、うちわの窓のかたちになじませ、手のひらで横にして軽く押しつぶすB。

5 窓の部分にヘラで、放射線状に線を入れる。

B

朝顔

1 花用の紫の生地をつぶして、中心に2のお団子をつぶしてつけ、土台に小指でそっと押しつけ、ぬれ布巾をかぶせて中心を竹串で押す（51頁参照）。同様に、ピンクの花もつける。

2 緑に丸めた生地6コのうち3コは蔓用の紐に、残りの3コは葉をつくって（59頁参照）朝顔の花に添えてつける。楊枝を刺して、うちわの柄とする。

風鈴

1 白い俵形をうちわの土台に軽く押しつけ、片方を菜箸の頭でそっと押して風鈴をつくるC。

2 ピンクの生地を紐状にしてつぶし、上下を切って2枚の小さな短冊にして風鈴の下につける。

C

D

3 風鈴と短冊の間にヘラの先で筋を入れ、風鈴の紐を表現するD。楊枝を刺して、うちわの柄とする。

マトリョーシカ　*Matreshka*

マトリョーシカ
愛らしく同じかたちで並ぶ

つくりかた

1. ねりきり生地から6gを取り分け、6等分して顔用の俵形をつくっておく**A**。
2. さらに花用として青と黄色にそれぞれ4gずつ取り分けて染める。
3. 2gを取り分けて茶色に染め、12等分して髪の毛用に俵形にしておく。
4. 残りの生地をピンクに染め、1gを取り分けてほっぺ用に12等分して丸めておく。さらにリボン用に3g取り分け、残りを6等分して丸めて包餡し胴体とする。
5. 胴体部を卵形にして、頭になる方を親指と人差し指でそっとへこませ、マトリョーシカの胴体をつくる**B**。
6. 顔用の俵形を親指と人差し指でつぶしてつける**C**。さらに髪の毛用の茶色の生地をつぶして顔の上に左右につけ、頬にほっぺ用の生地を押しつける。
7. 花用に染めた青と黄色の生地からそれぞれほんの少し取り分け、花の中心用に6コの小さなお団子をつくる。それぞれの残りを30等分して涙粒形をつくり、つぶして**D**、胴体に軽く押しつける。花の中心には色違いのお団子の生地を押しつける。
8. 4で取り分けたピンクの生地3gを24等分して小さい涙粒形をつくってつぶし**E**、リボンのかたちに顔の下に押しつけ、竹串の頭でリボンの中心を軽く押す**F**。
9. 水で湿らせた竹串の頭に黒ゴマをつけて目を表現し、口はスプーンの先で軽く刺してあらわす。

材料（6コ分）
ねりきり生地（約160g）
　白あん　　　　　　　150g
　ぎゅうひ　　　　　　10g
　水飴　　　　　　　　3g
　色粉（赤・青・黄）　少々
　ココア　　　　　　　少々
　黒ゴマ　　　　　　　12粒
中あん
　こしあん　　　　　　60g

準備
❖ ねりきり生地をつくる。
❖ 中あんは、6等分しておく。
❖ 色粉は少量の水、ココアは少量の湯でよく溶いておく。

A

B

C

D

E　F

がま口 *gamaguchi*

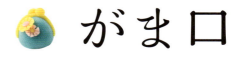

がま口

女子が持ちたい、かわいい小物

材　料（6コ分）
ねりきり生地（約160ｇ）
　　白あん　　　　　　　150ｇ
　　ぎゅうひ　　　　　　 10ｇ
　　水飴　　　　　　　　　3ｇ
　　色粉（赤・青・黄・紫）少々
中あん
　　こしあん　　　　　　 60ｇ

準　備
❖ ねりきり生地をつくる。
❖ 中あんは、6等分しておく。
❖ 色粉は少量の水でよく溶いておく。

つくりかた

1. ねりきり生地から27ｇを取り分け、黄色に染める。そのうちの金具部分用に18ｇ、飾り部分用に4ｇ（花柄）と5ｇ（ドット柄）に分けておく。
2. さらに飾り用として生地を2ｇ取り分け、ピンクに染める。
3. 残ったねりきり生地を2等分し青と紫に染め、それぞれ3等分して包餡し、親指と人差し指で持ち、もう片方の人差し指で三角形にしておにぎり形をつくる**A**。
4. 金具部分の生地18ｇから12ｇを6等分して紐をつくり、がま口本体の上につける**B**。残りの6ｇを12等分して丸め、留め金として2つを上部にずらしてつける**C**。

A

B

C

花柄

1. 青のがま口本体には、ピンクの花のシベ用に黄色の生地4ｇから少し取り分けておく。残りを3等分して丸めてつぶし、放射状にヘラで切り込みを入れ**D**、シベ用に取り分けたピンクの生地少量を丸めて中心に押しつける。ピンクの生地も同様に飾りをつくってつける。

ドット柄

1. 紫のがま口本体に、5ｇの黄色の生地を大小取り混ぜて適度な大きさに丸め、つぶしてバランスよくつける。

D

＊色やデザインは、自由に楽しんでください。

くろねこ *Kuroneko*

# くろねこ

キリッとニヒルなネコ 2 匹

材 料（6コ分）

ねりきり生地（約160 g）
- 白あん　　　　　　　150 g
- ぎゅうひ　　　　　　 10 g
- 水飴　　　　　　　　 3 g
- 色粉（赤）　　　　　 少々
- 黒ゴマペースト　　 小さじ3
- 黒ゴマ　　　　　　　12 粒

中あん
- こしあん　　　　　　 60 g

準 備

❖ ねりきり生地をつくる。
❖ 中あんは、6等分しておく。
❖ 色粉は少量の水でよく溶いておく。

つくりかた

1. ねりきり生地から6gを取り分けて赤の色粉でピンクにする。
2. 残りの生地に黒ゴマペーストをねり込んで黒くし、耳用に12gと鼻用に1g取り分け、残りを6等分して包餡する。
3. 手のひらにはさみ、俵形をつくる。
4. 2のうち耳用の生地を12等分し丸めて親指と人差し指で持ち、もう片方の人差し指でおさえて三角形をつくり **A**、耳の位置につける。同様に1を12等分し三角形をつくり、耳の上に重ねる。
5. 6等分し涙粒形にした鼻用の生地を、顔の真ん中に竹串の先で穴を開けて差し込む。
6. 黒ゴマを水で湿らせた竹串の頭につけ、目の部分におく。
7. スプーンの先をそっと押し、口を表現する（11頁参照）。

ミトン　*Miton*

ミトン

お母さんのあったかさ

材 料（6コ分）

ねりきり生地（約160g）
- 白あん　　　　　　150g
- ぎゅうひ　　　　　 10g
- 水飴　　　　　　　 3g
- 色粉（赤・青・黄） 少々
- 抹茶　　　　　　　 少々

中あん
- こしあん　　　　　 60g

準 備

❖ ねりきり生地をつくる。
❖ 中あんは、6等分しておく。
❖ 色粉は少量の水、抹茶は少量の湯でよく溶いておく。

つくりかた

1. ねりきり生地から飾り用に7gを取り分けてピンクに、さらに5gを花用として青く染め、ほんの少しだけ葉っぱ用に緑に染める。

2. 残りの生地を黄色に染め、6等分して包餡する。

3. 2を卵形にしA、手のひらで平たくしB、片方にヘラで切り込みを入れC、親指と人差し指で、切り込みの部分を整えて、ミトンのかたちに整えるD。

4. 葉っぱ用の生地を12等分して涙粒形にしてつぶし、3の上に2枚のせる。

5. 花用の青い生地を30等分して丸め、本体の上に5コずつのせてEそっと押しつぶし、ピンクの生地の一部を小さく6コに丸めて花の中心用に押しつける。

6. 残りのピンクの生地を茶漉しでこして、竹串を箸のように使ってそっと取り、ミトン本体の端にのせるF。

A

B

C

D

E

F

クリスマスリース *Xmas lease*

クリスマスリース

聖夜に祈りをこめて

材料（6コ分）

ねりきり生地（約160g）
　　白あん　　　　　　　　150g
　　ぎゅうひ　　　　　　　10g
　　水飴　　　　　　　　　3g
　　色粉（赤・青・黄）　　少々
　　抹茶　　　　　　　　　少々
中あん
　　こしあん　　　　　　　60g

準備

❖ ねりきり生地をつくる。
❖ 中あんは、6等分しておく。
❖ 色粉は少量の水、抹茶は少量の湯でよく溶いておく。

つくりかた

1. ねりきり生地から30gを取り分け緑に染め、6gをリボン用に赤く染めて6等分し、さらに1gずつ青・ピンク・黄色に染めて小さく丸めておく。
2. 残りの生地を6等分して包餡して手のひらでそっとつぶし、周りを転がして円柱形に整える **A・B**。
3. 緑に染めた生地を茶漉しでこして、竹串を箸のように使って壊さないようにそっとすくい2の周りにつけ **C**、青・ピンク・黄色の小さなお団子をその上からつけていく。
4. リボン用の赤の1つの塊から小さなお団子をつくり、残りを4等分し2本の紐にしてつぶし、端をヘラでカットする。2コの涙粒形をつくり、少しつぶして番号順に飾り、最後に小さなお団子をつけて **D**、リボンを仕上げる。
5. ゴム印で、XMASと押す。

A

B

C

D

デコ和菓子をみんなで楽しもう
かわいくできたら、写真で残そう!!
enjoy!
Deco Wagashi

さぁ～かわいい和菓子ができたら、綺麗な写真を撮って保存しましょう！
フォトジェニックな和菓子をSNSで送ってみんなに自慢しちゃいましょう！
だって、せっかくかわいくできても、食べてしまったら誰にも見てもらえません。
そこで、ちょっとしたフォトテクニックを知っておくだけで、見栄えが全然違うのでご紹介しますね。

ポイント 1　撮る場所を見つけましょう

薄いカーテンなどのかかった光が差し込む、明るい窓際がベスト。テーブルの上で撮らなくっちゃと思わないで、柔軟性を持って場所を探しましょう。
この写真の場合、上方が窓際になり、外から差し込む光の反対側に反射板（レフ板）を置きます。反射板はお家にある白いもの（カレンダーの裏とか白い箱とか）で代用できます。そうすることで、暗いところに光がまわり込んで明るくなり、印象がよくなります。

レフ板なし　NG...

レフ板あり　Good!

ポイント 2　皿中心に見えるように撮るには？

いつもの習慣でお皿の真ん中に和菓子を置いて斜め上からシャッターを切ると、お皿の向こうに和菓子があるように見えます。バランスを考えて少し手前に置けば、中心に見えますよ。

真ん中に置いた場合　NG...

意識して少し手前に置いた場合　Good!

ポイント 3 画面の入れ方 被写体はどうとらえる?!

テーブルセッティングがされた写真を撮る場合、どうしても、全体を撮りたくなります。でも、全体を入れようとするとテーマがぼやけてしまいます。そこで思い切って、和菓子に寄って撮ってみましょう。レストランのお料理も同じです。

全体を入れた場合 NG...

和菓子に寄って撮った場合

ポイント 4 お皿の選び方

細工がされているデコ和菓子をのせるお皿は、なるべくシンプルな小皿を選びましょう。ない場合は、お醤油皿もおすすめです。

柄のあるお皿 NG...

シンプルなお皿 Good!

ポイント 5 いい顔をさがす

デコ和菓子には、顔があります。自分の目線を上下左右に動かし、一番いい顔（角度）を見つけてから撮ってあげましょう。

花の姿がわかりづらい NG...

真上からの方がよくわかる Good!

マーガレット *Marguerite*

マーガレット

恋占いの花

材料（6コ分）

ねりきり生地（約160 g）
　白あん　　　　　　　　150 g
　ぎゅうひ　　　　　　　 10 g
　水飴　　　　　　　　　　3 g
　色粉（赤・青・黄）　　少々
中あん
　こしあん　　　　　　　 60 g

準備

❖ ねりきり生地をつくる。
❖ 中あんは、6等分しておく。
❖ 色粉は少量の水でよく溶いておく。

つくりかた

1　ねりきり生地から3gを取り分け、黄色に染めてシベ用に4コに丸める。

2　残りの生地を3等分し、青・ピンク・黄色に染める。ピンクと黄色の生地をそれぞれ2等分して包餡する。青の生地はシベ用に1gを取り分け2コに丸め、残りの生地を2等分して包餡する。

3　2に中心点を決め、中心から斜めにヘラを差し込み、ねじるようにそっと抜くA。これを繰り返し、花びらをつくる。

4　花の中心に菜箸の頭でそっと凹みをつけB、黄色の花には青のシベをのせて少し押し込み、竹串の先で小さな穴をたくさんつけるC。ピンクと青の花には黄色のシベをつけて、同様に仕上げる。

スイセン
Suisen

スイセン

冬の寒さに負けずに凜と咲く花

材料（6コ分）

ねりきり生地（約160ｇ）
　白あん　　　　　　　150ｇ
　ぎゅうひ　　　　　　 10ｇ
　水飴　　　　　　　　 3ｇ
　色粉（黄）　　　　　　少々
　抹茶　　　　　　　　　少々
中あん
　こしあん　　　　　　 60ｇ

準備

❖ ねりきり生地をつくる。
❖ 中あんは、6等分しておく。
❖ 色粉は少量の水で、抹茶は少量の湯でよく溶いておく。

つくりかた

1. ねりきり生地から6ｇを取り分けてシベ用に黄色に染めて6等分し、葉っぱ用に6ｇを取り分けて抹茶で緑に染める。
2. 残りの生地を6等分し包餡する。
3. ヘラで6ヶ所に切り込みを入れ、上からおさえて切り込みを少し広げ**A・B**、親指と人差し指でそっとつまみ、花先を整える**C**。
4. 3に固く絞ったぬれ布巾をかぶせ、菜箸の先でそっと押して凹みをつくる**D**。
5. シベ用の生地は丸めてつまみ、菜箸の先で穴を開け**E**、4の凹みに差し込む**F**。
6. 葉っぱ用の生地を6等分し細長い紐状にしてつぶしてかたちを整え**G**、ヘラで葉脈をつけ**H**、花に押しつける（59頁参照）。

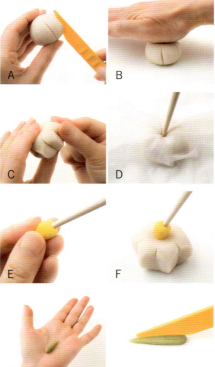

春の花　Haru-no-Hana

春の花

小花に蝶々も誘われて

材料（6コ分）

ねりきり生地（約160g）
　白あん　　　　　　　150g
　ぎゅうひ　　　　　　 10g
　水飴　　　　　　　　 3g
　色粉（赤・黄）　　　少々
　抹茶　　　　　　　　少々
中あん
　こしあん　　　　　　 60g

準備

- ねりきり生地をつくる。
- 中あんは、6等分しておく。
- 色粉は少量の水で、抹茶は少量の湯でよく溶いておく。

つくりかた

1. ねりきり生地から30gを取り分け、花用に数種類の好みの色に染め分ける。さらに葉っぱ用に10gを取り分け、抹茶で緑に染める。
2. 残りの生地を抹茶で緑に染め6等分して包餡し、茶巾絞りにする**A**。
3. 1で染め分けた生地を小さく丸めて菜箸の先で穴を開け**B**、2に押しつける**C**。
4. 葉っぱ用の生地を18等分し丸めておき、片方を指先で転がし**D**、涙粒形をつくってつぶす**E**。ヘラでそっと葉脈を描き**F・G**、花に押しつける**H**。

A

B

C

D

E

F

G

H

チューリップ　*Tulip*

チューリップ

お皿に見つける春の気配

材料（6コ分）
ねりきり生地（約160g）
　白あん　　　　　　　　150g
　ぎゅうひ　　　　　　　 10g
　水飴　　　　　　　　　 3g
　色粉（赤・黄）　　　　 少々
　抹茶　　　　　　　　　 少々
中あん
　こしあん　　　　　　　 60g

準備
❖ ねりきり生地をつくる。
❖ 中あんは、6等分しておく。
❖ 色粉は少量の水で、抹茶は少量の湯でよく溶いておく。

つくりかた

1 ねりきり生地から葉っぱ用に6gを取り分け、抹茶で緑に染める。
2 残りの生地を2等分し、花びら用に赤と黄色に染める。
3 赤の生地を18等分し俵形をつくり、つぶして花びらのかたちに整える。同様に黄色もつくる。
4 穂先を切り込んだ茶筅の先を3に軽く押しつけ、細かい線を入れる**A**・**B**。
5 4を1枚おきその上に中餡をのせ2枚目を端につけ、もう1枚を反対の側につける**C**。
6 1を6等分し紐状にしてヘラをそっと押して葉脈を表現し、4に押しつける（59頁参照）。

A

B

C

バラ籠　*Rose basket*

バラ籠
優雅なバラの花に魅せられて

材料（6コ分）

ねりきり生地（約160g）
　白あん　　　　　　　　150g
　ぎゅうひ　　　　　　　　10g
　水飴　　　　　　　　　　3g
　色粉（赤）　　　　　　少々
　抹茶　　　　　　　　　少々
　ココア（または茶色粉）少々
中あん
　こしあん　　　　　　　30g

準備

❖ ねりきり生地をつくる。
❖ 水分調節していない中あんを、6等分し俵形にしておく。
❖ 色粉は少量の水、抹茶とココアは少量の湯でよく溶いておく。

つくりかた

1. ねりきり生地からピンクバラ用に17gを取り分けて染め、白バラ用に13g取り分ける。さらに10gを取り分けて、葉っぱ用に緑に染める。
2. 残りを籠用に茶色に染めて6等分し丸める。四方をトントンとたたきつけて長方形にし、ストローの蛇腹部分を押しつけて籠の網目模様をつける**A**。
3. 俵形のこしあんを籠の上にのせ、山形に整える。
4. 葉っぱ用の生地を約36等分して丸めて涙粒形にし、つぶしてヘラで葉脈を入れる（59頁参照）。
5. ひと籠につきピンクバラ用の生地は約7等分し、紐状にしてからつぶして端から巻いていく**B・C**。白バラ用は、大小約10等分して同様に花をつくる。
6. 籠の全体の様子を見てバランスよくバラと葉っぱをつける**D**。

＊細かい作業が苦手な人は、同じ分量でも紐を大きくつくって花の数を減らし、大きめのバラ（左）にしてもOK。

紫陽花 *Ajisai*

紫陽花

雨に濡れていっそう鮮やかに愛らしく

材　料（6コ分）

ねりきり生地（約160ｇ）
　　白あん　　　　　　　150ｇ
　　ぎゅうひ　　　　　　 10ｇ
　　水飴　　　　　　　　 3ｇ
　　色粉（赤・青・紫）　　少々
　　抹茶　　　　　　　　　少々
中あん
　　こしあん　　　　　　 60ｇ

準　備

❖ ねりきり生地をつくる。
❖ 中あんは、6等分しておく。
❖ 色粉は少量の水で、抹茶は少量の湯でよく溶いておく。

つくりかた

1. ねりきり生地から花用に30gを取り分け、好みの色数色で染め分け全部で30コくらいに丸めておく。さらに10gを取り分け、葉っぱ用に抹茶で濃い目の緑に染めて18等分し、涙粒形にして平らにしてヘラをそっと押しつけ葉脈を描く**A**。

2. 残りの生地を緑色に染め6等分して包餡し、茶巾絞りにする**B**。

3. 1で染め分けた生地を、親指と人差し指でそっと持ちながらつぶして正方形をつくり**C**、正方形の各辺の真ん中をヘラで切る**D**。

4. 3を2にそっと小指で押しつけ、最後にシベを竹串の頭で押して丸いかたちで表現し**E**、5つくらい花をつけてから葉っぱを押しつける（41頁参照）。

たんぽぽ　Tanpopo

たんぽぽ
元気をくれる黄色い花

材　料（6コ分）

ねりきり生地（約160ｇ）
　　白あん　　　　　　　　150ｇ
　　ぎゅうひ　　　　　　　 10ｇ
　　水飴　　　　　　　　　　3ｇ
　　色粉（黄）　　　　　　 少々
　　抹茶　　　　　　　　　 少々
中あん
　　こしあん　　　　　　　 60ｇ

準　備

❖ ねりきり生地をつくる。
❖ 中あんは、6等分しておく。
❖ 色粉は少量の水、抹茶は少量の湯で
　よく溶いておく。

つくりかた

1　ねりきり生地を黄色に染めて1gを取り分け、残りを6等分し包餡する。
2　包餡した生地の中心のシベの部分を小指の第一関節を使ってそっと凹ませる**A**。
3　太いストローの先で、斜めにシベの周りを刺して少しおこす感じで花びらをつくっていく。2段目以降は、互い違いに刺して花びらをつくる。
4　3段目は1・2段目よりもストローで表面を深く刺しておこし、長めの花びらにする**B・C**。
5　シベ用に取り分けておいた1gの生地に微量の抹茶を加えて6等分して丸め、少しつぶして中央の凹みにおいてヘラでザクザクと細かな線を入れる**D**。

朝顔 Asagao

朝顔

暑さ忘れるすがすがしさ

材料（6コ分）

ねりきり生地（約160g）
　白あん　　　　　　　　150g
　ぎゅうひ　　　　　　　 10g
　水飴　　　　　　　　　 3g
　色粉（赤・青）　　　　 少々
　抹茶　　　　　　　　　 少々
中あん
　こしあん　　　　　　　 60g

準備

❖ ねりきり生地をつくる。
❖ 中あんは、6等分しておく。
❖ 色粉は少量の水、抹茶は少量の湯でよく溶いておく。

つくりかた

1 ねりきり生地から葉っぱと蔓用に6gを取り分け、抹茶で緑に染めて12等分し丸める。

2 2gを12等分してつぶし、シベの部分の準備をする。

3 さらに花用に6gずつ取り分けて青とピンクに染める。それぞれ6等分して丸めてつぶし、2を中心に重ねる。

4 残りの生地を6等分して包餡し、青の花をのせるA。

5 ぬれ布巾を固く絞って4にかぶせ、上から花の中心を竹串の頭でそっと押すB。ピンクの花も同様にする。

6 1のうち6コは紐をつくりC、くるっと回転させ蔓を表現してD、5に軽く押しつける。残り6コは涙粒形をつくってつぶし、ヘラで2ヶ所切り込みを入れて葉のかたちを整え、ヘラで葉脈を入れて（59頁参照）花につける。

A

B

C

D

コスモス　Cosmos

コスモス

秋の風に揺られて可憐に咲く花

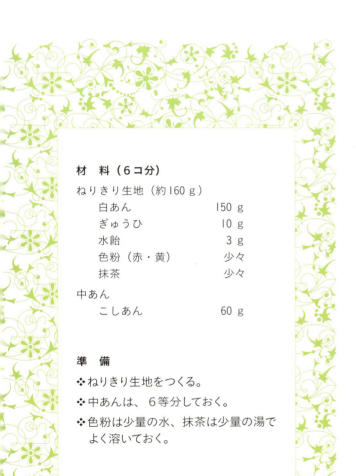

材　料（6コ分）

ねりきり生地（約160ｇ）
　　白あん　　　　　　　150ｇ
　　ぎゅうひ　　　　　　 10ｇ
　　水飴　　　　　　　　 3ｇ
　　色粉（赤・黄）　　　 少々
　　抹茶　　　　　　　　 少々
中あん
　　こしあん　　　　　　 60ｇ

準　備

❖ ねりきり生地をつくる。
❖ 中あんは、6等分しておく。
❖ 色粉は少量の水、抹茶は少量の湯でよく溶いておく。

つくりかた

1　ねりきり生地からシベ用に2ｇを取り分けて黄色に染め、葉っぱ用に6ｇを取り分け緑に染め、6等分しておく。

2　残りの生地をピンクに染めて、6等分し包餡する。

3　中心点を決め、竹串の先で印をつける。2を菜箸の頭で放射状に軽く押し、花びらのかたちを表現していく**A**。

4　3で凹ませた花びらの端にヘラで細かな線を入れる**B**。

5　花の中心に菜箸でそっとくぼみをつけ、シベ用の黄色の生地を茶漉しでこし、竹串を箸のように使ってつける。

6　葉っぱ用の生地は紐状にし、つぶしてヘラで葉脈の線を入れて花に押しつける（59頁参照）。

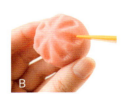

桔梗　*Kikyoh*

桔梗

秋の始まりを告げる花

材料（6コ分）

ねりきり生地（約160ｇ）
　白あん　　　　　　　150ｇ
　ぎゅうひ　　　　　　 10ｇ
　水飴　　　　　　　　　3ｇ
　色粉（紫・黄）　　　少々
　抹茶　　　　　　　　少々
中あん
　こしあん　　　　　　 60ｇ

準備

❖ ねりきり生地をつくる。
❖ 中あんは、6等分しておく。
❖ 色粉は少量の水、抹茶は少量の湯でよく溶いておく。

つくりかた

1　ねりきり生地から2ｇを取り分けて6等分して丸める。シベ用に1ｇを取り分けて黄色に染める。

2　残りの生地を紫に染めて6等分し、包餡し丸める。

3　2に1の白いままの生地をつぶして押しつけ**A**、ヘラで5ヶ所に切り込みを入れ**B**、上からおさえて少し切り込みを広げる**C**。

4　親指と人差し指で花先になる部分をそっとつまみ、かたちを整える**D**。

5　4に固く絞ったぬれ布巾をかぶせて、竹串の先でそっと凹みをつくり**E**、ヘラでへこんだ部分に線を入れる。

6　黄色の生地を6等分し、涙粒形にして凹みに差し込む。

A

B

C　D

E

桔梗　*Kikyoh*

デコ和菓子のきほんテクニック

🌸 中あんの準備（火取りの方法）

デコ和菓子づくりがしやすいよう、中あんとねりきり生地はあんの火取りをします。
火取りとは、あんに熱を加えて作業しやすいかたさに水分調節すること。ねりきり生地をつくるとき、中あんを準備するときに必要な作業です。この火取りの加減が仕上がりに大きく関わってきますので、コツをつかんでおきましょう。

1 ゴムべらで山切りしてから電子レンジに入れる

ゴムべらで表面積が広くなるように切り込みを入れ、山切りにする。水分を飛ばすためなので、フタやラップはしない。

2 加熱したらよく混ぜて全体の水分調整を

電子レンジに約30秒かけ、「パチパチ」と音がしたら取り出し、ムラ焼けしないようしっかり混ぜる。

3 お団子がつくれるくらいに

電子レンジから取り出して、お団子にまとめられるくらいに水分が飛んでいればよい。

＊あんによって水分量がちがうため、様子をみながら行います。

🌸 ねりきり生地の準備

材料
　白あん　　　　　150g
　ぎゅうひ　　　　10g
　水あめ　　　　　3g

1 白あんをゴムべらで山切りしてフタをせずに電子レンジに約2分かけ、「パチパチ」と音がしたら取り出し、ムラ焼けしないように混ぜる。水分の様子を見ながらさらに熱（1〜2分）を加える。加熱と混ぜ込みを繰り返してべたつかないようになるまで水分を飛ばす。

2 ぎゅうひを加える。

3 木べらにかえてよくねり、粘土状になってまとまってきたら乾燥をふせぐために水あめを加えてねり込む。

4 これくらいのかたさになればよい。

🌸 ぎゅうひのつくり方

材　料（出来上がり70g）
　白玉粉　　　　　　　　　20g
　水　　　　　　　　　　　40cc
　上白糖　　　　　　　　　40g
　片栗粉（手粉用）　　　　少々

1. ボウルに白玉粉と水を少しずつ入れて耳たぶくらいになるまでよくねり、残りの水を加え溶かしてさらに上白糖を入れて混ぜる。
2. フタをして電子レンジで加熱（約1分）してしっかりかき混ぜ、さらに加熱（約30秒）して透明感が出てねばりが出るまでしっかりかき混ぜる。
3. 片栗粉を敷いたバットに取り出し、手粉をしてねりきりの生地として10g計る。残った分は10gずつにして冷凍保存し、使う時に解凍するとよい。

ぎゅうひは、これくらいのねばり加減にする

🌸 包餡のコツ

包餡とは、ねりきり生地で中あんを包むことです。

1. 生地玉を手のひらにのせてたたいて丸くのばし、中あんを中心におく。
2. 両手の指で生地のフチを回転させながら中あんをくるむ。
3. 中あんがおさまったら、最後はつまむようにしてあんをくるんでとじる。

デコ和菓子のきほんテクニック

🌸 ねりきり生地の染め方

ねりきり生地の色を染めるには、色粉や抹茶(緑色)、ココア(茶色)を使います。色粉には赤・青・黄・紫・黒などの色があり、天然由来のものもあります。
緑の色粉もありますが、生々しい色になるため落ちついた色合いで風味もよく身体にもいい抹茶を使っています。

1 ねりきり生地と数滴の水で溶かした色粉を準備する
2 ねりきり生地に溶かした色粉をつける
3 もみ込むようにねり込む
4 量が多いときには、スクレパーを使うと便利
5 出来上がり

濃い色に染めるにはこの作業を繰り返し色を出します。抹茶やココアで染める場合は、湯で溶いてから使います。染め方は同じです。
抹茶やココアは、色染めにたくさん使うわけではないので飲んでもおいしいものを準備して、普段の生活の中でもいただくとよいでしょう。

🌸 布づかいいろいろ

和菓子を成形する技法に、布(さらしや手ぬぐい)を用いたものがあります。
布は濡らして固く絞ったものを使います。

A 生地をくるんで口を絞る茶巾絞り

お雛さま(12頁)
春の花(40頁)
紫陽花(46頁)

B 生地の上からあてて竹串(箸)を刺してへこませる

うちわ(22頁)
スイセン(38頁)
朝顔(50頁)
桔梗(54頁)

葉っぱづくりの㊙テクニック

葉っぱは、ちょっとしたバランスで受ける印象が違います。
代表的な葉っぱ3種がきれいにできれば完成度があがります。

丸みのある葉っぱ
春の花、バラ籠、紫陽花など

1 丸めた生地の片方を人差し指で転がし、涙粒形にする。
2 親指と人差し指でつぶし、ヘラで葉脈の線を表現する。

細長い葉っぱ
スイセン、コスモス、チューリップなど

1 生地を手のひらにのせ、もう片方の親指の付け根でころがして、紐状に伸ばす。
2 親指と人差し指でつぶし、ヘラで葉脈の線を表現する。

コツをつかもう、朝顔の葉と蔓

葉

A　　　　　　B

葉は、上記の丸みのある葉っぱのようにつくる。より丸いバランスにして、ヘラで2ヶ所に切り込みを入れ**A**、ヘラで葉脈の線を表現する**B**。

蔓

A　　　　B　　　　C

蔓は、上記の細長い葉っぱのようにつくるが、両端を尖った紐状にする。
蔓の片方を軽くおさえ、もう片方を大きく回転させてねじり**A・B**、おさえていたところに葉をのせる**C**。

デコ和菓子の密かな楽しみ

デコ和菓子は、かたちを楽しむことはもちろんですが、和菓子の枠にとらわれないあんこ使いが可能です。
和菓子としての材料だけでなく、洋菓子の材料もあんことあわせると思いがけない色や味が広がります。
たとえば、洋菓子で用いる製菓用のパウダーをクセのない白あんに合わせると、色と風味ががらっとかわります。
また、ココナッツやくるみなどのナッツ類やドライフルーツなどを刻んであんこに混ぜ合わせると味も食感もかわります。ご自身の感覚で材料を選んで、是非トライしてみてください。きっと驚きの味、デコ和菓子にこそふさわしい「あん」が見つかることでしょう〜。

＊例えば……

新素材のドライパウダー
ストロベリーなどフルーツ系、人参などの野菜系、紅茶・ほうじ茶などのドライパウダー

ナッツ類
くるみ、松の実、アーモンド、ココナッツなど

ドライフルーツ
杏、キーウィ、干しぶどう、柿、マンゴー、パイナップルなど

白あん 60g
＋
ストロベリーパウダー 2g

こしあん 60g
＋
ざく切りにしたくるみ 8g

白あん 60g
＋
ざく切りにした干しぶどう 8粒

ドライフルーツは、事前にぬるま湯や洋酒（ラム酒など）に漬け込み、少し柔らかくしてから用います。

＊目安の量なので、お好みで楽しんでください。
＊このほか、ねりきり生地の色づけに利用するココアや抹茶を中あんに混ぜ込んでもいいですね。

Special Thanks

この本が生まれるまで、たくさんの歳月と経験とタイミングが必要でした。そして、多くの目に見えない方々のあたたかい気持ちと、奇跡のご縁の積み重ねで、やっとできました。ご協力くださった方々に感謝いたします。

デコ和菓子には特別な道具は必要なく、電子レンジと大小2個のボウルがあればできてしまう、手軽に楽しくつくれるお菓子です。クッキーやケーキと違い、脂分・乳製品を一切使わないので、後片付けもと〜っても簡単。お湯で流すだけでいいんです。ストローや小さなマドラーなど、身近なものを自分で見つけて和菓子の道具として上手に使っていただけたら、より楽しいものになりますよ。 さあ、デコ和菓子で笑顔の輪をひろげましょう。

鳥居満智栄

材料

デコ和菓子に使用するねりきり生地の主材料は、「白あん+白玉粉+水あめ」です。
これらでつくった生地を色粉などで染めて中あんをくるんで成形します。
中あんも刻んだナッツやドライフルーツを加えて食感をかえてアレンジすると、
和でも洋でも楽しめるスイーツが出来上がります。あなたのアイデア次第で和菓子の世界が広がります。

ねりきり生地の材料

白あん Ⓒ　　白玉粉 Ⓒ　　みずあめ Ⓒ

中あんの材料

こしあん Ⓒ　　白あん Ⓒ

色粉　　アイシングカラー　　抹茶 Ⓜ

A：スーパーでも入手できる発色のよい色粉
B：天然色素。色のトーンが少し落ちる Ⓒ
C：海外からの輸入品。色数豊富で微量で発色する Ⓒ

フルーツパウダー Ⓒ

クランベリーパウダーとマンゴーパウダー
その他のフルーツ、野菜パウダーもある

道　具

デコ和菓子に必要な道具は、電子レンジに加えてハカリ、電子レンジ対応可能なボウル（生地・ぎゅうひ・中あん作成用）、木べらやゴムべら（材料攪拌用）、ヘラやスプーン、布（成形用）と、いたってシンプルです。わざわざ高い道具を買わなくても、身近なものも、アイデアひとつで思いがけない道具になることも。そんな道具を見つけ出すのも楽しいですよ。

生地づくりの道具

ボウル大小（径15cm、13cm）Ⓘ
電子レンジ対応フタつき耐熱樹脂のボウル。耐熱ガラスボウルでも可

ゴムべら
あんの山切りなど

木べら
重たい生地や加熱時の生地を混ぜるときに

成形の道具

消毒用ハンドスプレー Ⓒ
手で直接材料を扱うので、消毒してから始めます。食品に直接吹きつけても安心

型つけの道具

ヘラとストロー
和菓子専用のヘラもありますが、粘土細工用のヘラや、羊羹についているナイフも流用可能

マドラースプーン

和楊枝と竹串

菜箸

アルファベットスタンプ

楊枝

茶筅
筋つけ用。使い古した茶筅の先をカットしておきます

布
布綿やさらし、手ぬぐいやハンカチなど

茶漉し

電子レンジ
機種によって電力量や熱の加わり方が違うため、それぞれのクセを把握して使いこなしましょう。レシピの時間は、あくまでも目安

Ⓒ cuoca（クオカ）、Ⓜ丸久小山園、Ⓘ岩崎工業の商品です。

撮影協力：株式会社コム・システム 12・22頁（和紙）／丸重製紙企業組合 8・26・28頁（和紙）／金秋酒井製陶所 谷口純哉 54頁（皿）

材料協力：cuoca（クオカ）／株式会社丸久小山園

鳥居 満智栄 とりい まちえ
創作和菓子研究家

東京生まれ。多摩美術大学グラフィックデザイン科卒業。「あんこを練るのね！ マチエさん」から友達が名付けてくれた創作和菓子教室「アンネルネ マチエル」主宰。
和でも洋でもなく可愛くてアイデアに富みデザインセンスもよく、今までにない簡単で新しい和菓子を提案し評判となり人気教室に。老舗和菓子屋とのコラボや、企業イベント等の体験レッスン、広告等の撮影用和菓子制作を行い、ジャンルを超えて活動の輪を広げて活動中。J:COM 東京「季節を惑じる和菓子」TV 出演。著書に『恋する和菓子』（じゃこめてい出版）、『電子レンジで手軽にカンタン おうちで作る和菓子レシピ 12 か月』『電子レンジで簡単！ 季節を遊ぶねりきり和菓子』（淡交社）など。新しい和菓子のジャンルとして、「FOOD ART JAPAN」の立ち上げに参画。一般財団法人生涯学習開発財団の認定証を取得できる「デコ和菓子認定講座」を主宰し、和菓子の普及とインストラクターの育成に力を入れている。

一般財団法人生涯学習開発財団認定「デコ和菓子認定講座」情報
http://pinknoise0.wix.com/annerner

ホームページ　http://cookiedream.main.jp/anerner/
フェイスブック　https://www.facebook.com/annerner/?ref=aymt_homepage_panel
ブログ　http://annerner.exblog.jp
インスタグラム　https://www.instagram.com/annerner_machiel/

電子レンジで簡単！
笑顔こぼれるデコ和菓子

2017 年 8 月 15 日　初版発行

著　者　　鳥居満智栄
発行者　　納屋　嘉人
発行所　　株式会社　淡交社
　　　本　社　〒603-8588 京都市北区堀川通鞍馬口上ル
　　　　　　　電話（営業）075-432-5151
　　　　　　　　　（編集）075-432-5161
　　　支　社　〒162-0061 東京都新宿区市谷柳町 39-1
　　　　　　　電話（営業）03-5269-7941
　　　　　　　　　（編集）03-5269-1691
　　　　　　　www.tankosha.co.jp
印刷・製本　図書印刷株式会社

©2017　鳥居満智栄　Printed in Japan
ISBN978-4-473-04189-0

定価はカバーに表示してあります。
落丁・乱丁本がございましたら、小社「出版営業部」宛にお送りください。送料小社負担にてお取り替えいたします。
本書のスキャン、デジタル化等の無断複写は、著作権法上での例外を除き禁じられています。また、本書を代行業者等の第三者に依頼してスキャンやデジタル化することは、いかなる場合も著作権法違反となります。